AF226664

DISCOURS

SUR LES

LOIS CONSTITUTIONNELLES

Prononcé le Vendredi 23 Avril 1875

DANS UNE RÉUNION PRIVÉE A BELLEVILLE

PAR

M. GAMBETTA

Représentant de la Seine

———

Prix : 15 centimes

———

PARIS

ERNEST LEROUX, ÉDITEUR

28, RUE BONAPARTE, 28.

—

1875

57/5247

En vente à la Librairie Ernest LEROUX

RUE BONAPARTE, 28, A PARIS

DISCOURS DE M. GAMBETTA

A Bordeaux, 26 juin 1871 (2e édition).
A Saint-Quentin, 17 novembre 1871.
A Angers, 7 avril 1872.
Au Havre, 18 avril 1872.
Aux Délégués de l'Alsace, 9 mai 1872.
A Versailles, 24 juin 1872. (Anniversaire du Général Hoche.)
A La Ferté-sous Jouarre (Anniversaire du 14 juillet 1789.)
A l'Assemblée nationale, le 4 juin 1874 (sur le projet de loi electorale politique).
A l'Assemblée nationale, le 12 février 1875 (sur la dissolution).

Prix : **1 O** *centimes chacun*

A l'Assemblée nationale, le 29 juillet (Commission des marchés.)
A Auxerre, le 1er juin 1874.

PRIX : **2O** CENTIMES

A Grenoble, le 26 Septembre 1872.
A Annecy, le 1er octobre 1872.
Enquête parlementaire.
A l'Assemblée (sur la dissolution).
A l'Assemblée (Commission des Trente).
A Belleville, le 22 avril 1873.
A Périgueux, le 28 septembre 1873.
Au château de la Borde, le 3 octobre 1873.

Prix : **1 5** *centimes chacun*

PRIX DE LA COLLECTION COMPLÈTE... 2 00
PAR LA POSTE.......................... 2 50

Discours politiques de M. GAMBETTA (juin 1871, octobre 1873). 1 beau vol. in-18 franco........................... 3 50

DISCOURS

SUR LES

LOIS CONSTITUTIONNELLES

Pour répondre à l'appel d'un grand nombre d'électeurs de Ménilmontant, Belleville et Charonne, désireux de s'entretenir avec lui des affaires publiques et de la situation politique, M. Gambetta s'était rendu, le 23 avril 1875, dans une réunion privée organisée par les soins de M. Blanchet, 27, rue de Ménilmontant. Deux mille citoyens environ étaient présents. Plusieurs représentants à l'Assemblée nationale, notamment des représentants de la Seine, et un grand nombre de conseillers municipaux, accompagnaient M. Gambetta. A son entrée dans la salle de la réunion, des cris de « Vive Gambetta! Vive la République! » se sont fait entendre. M. Blanchet s'est alors levé et a prononcé les paroles suivantes :

M. Gambetta est certainement un grand citoyen, mais c'est surtout aux idées et aux principes qu'il représente que nos acclamations s'adressent. (De tous les côtés : « Oui, oui! c'est cela!)

A huit heures et quart, M. Blanchet a ouvert la séance, en adressant à ses invités l'allocution suivante : -

Citoyens, j'ai le regret de vous annoncer

que M. Hérold, l'un de nos conseillers municipaux, est dans un état de santé qui ne lui a
pas permis de se joindre à nous et qu'il se fait
excuser de ne pouvoir assister à notre réunion.

Citoyens, la République, gouvernement de
fait, la République, gouvernement de droit,
parce qu'elle est la forme nécessaire de la souveraineté du peuple, est devenue le gouvernement légal. Certes, il serait facile, très facile
même, de montrer ce qu'il y a de rudimen-
taire et d'incomplet dans ce premier statut
constitutionnel, mais nous préférons, nous,
citoyens du 20e arrondissement de Paris, considérer l'acte du 25 février comme un point de
départ, comme un premier pas vers la réalisation progressive et pacifique des idées de justice politique et sociale qui constituent l'idéal
du parti républicain.

A ce titre, nous ne lui marchanderons pas
notre adhésion et toutes nos sympathies sont
acquises à toutes les fractions de l'ancienne
Gauche, au parti constitutionnel; nous prions
le citoyen Gambetta d'être notre interprète
auprès de ses collègues de la nouvelle majorité,
sans distinction de nuances, et nous lui expri-
mons, à lui-même, notre gratitude pour la part
qui lui revient dans ce grand acte du 25 février,
pour le rôle qu'il a joué dans la transformation de nos institutions, transformation d'autant plus décisive qu'elle a été plus pacifique.

Cette adhésion nous est d'autant plus douce
à donner, que la démocratie républicaine de
Belleville n'oublie pas que le citoyen Gambetta
est né à la vie politique au milieu d'elle, et ce
n'est pas sans un sentiment de légitime or-

gueil qu'elle a conscience d'avoir pressenti dans l'orateur éloquent, dans le tribun inspiré, l'homme d'Etat de la République. (Très bien ! très bien ! — Applaudissements.)

M. Gambetta se lève au milieu des applaudissements et prononce le discours qui suit :

Mes chers concitoyens,

Dans toutes les difficultés de la vie politique, depuis le jour où vous m'en avez ouvert les portes, je n'ai jamais oublié, je n'ai jamais cessé d'avoir toujours présente à l'e prît la dette que j'avais contractée envers vous, qui avez été mes premiers électeurs. La bonne comme 'a mauvaise fortune seront également impuissantes à rompre les liens qui nous unissent. Cette union, messieurs, nous ne l'avons pas, si vous vous le rappelez, contractée à la légère, et, puisqu'on a ramené la pensée de l'auditoire sur ce souvenir qui m'est si cher, sur ces commencements de notre vie politique commune, je tiens à rappeler d'un mot ce qui nous a liés ensemble, lorsque vous voulûtes bien jeter les yeux sur l'homme qui est aujourd'hui devant vous. Nous avons commencé par arrêter d'avance, après les avoir débattues librement, les conditions, les stipulations du contrat qui devait nous associer. C'est un exemple que nous tenions à donner à toute la démocratie française; c'est un exemple qui n'a pas été perdu, mais qui, non plus, ne s'est pas suffisamment généralisé. Mais l'idée était juste et bonne; elle a pris naissance ici; elle a grandi; elle se développera dans l'avenir. (Oui! oui! — Bravos.)

Aussi, messieurs, malgré les absences, les éloignements que nous imposent les accidents, les péripéties de la politique, c'est toujours ici que j'aime à revenir, c'est au milieu de vous que je trouve les meilleurs encouragements, l'appui le plus solide dans les difficultés, les véritables consolations dans les amertumes de la vie publique. Voulez-vous savoir la cause de ma présence, ce soir, parmi vous? Citoyens, je viens demander à ceux qui furent mes premiers commettants : Est-ce que le contrat tient toujours ? (Oui! Oui! Bravos et applaudissements prolongés.)

Messieurs, vos applaudissements me touchent et m'émeuvent, et maintenant, je puis ajouter : je ne viens pas seulement ici pour chercher des inspirations, de la force et de l'autorité, j'y viens aussi, je le dis avec le seul orgueil qui soit compatible avec la dignité du républicain, j'y viens chercher ma récompense. (Bravos.)

Mes chers concitoyens, on peut dire, on peut écrire, on peut murmurer, contre les hommes du parti républicain, les accusations les plus absurdes et les plus niaises, dont la contradiction seule fait éclater la vanité; on peut nous représenter comme des agents de désordre et de dissolution sociale; on peut aussi, dans un style plus ou moins élégant et poli, dire que nous abandonnons nos origines, que la modération, que la sagesse et que l'esprit de calcul que nous avons introduits dans notre méthode politique sont mal jugés et mal compris; on peut nous présenter encore comme je ne sais quels aventuriers politiques prêts à se séparer de ceux qui sont leurs véritables auteurs. On peut dire tantôt que nous sommes des pétroleurs (Rires), tantôt des hypocrites, tantôt des Italiens élevés à l'école de Machiavel, tantôt des césariens, tantôt des orléanistes. (Nouveaux rires.) Je crois, messieurs, qu'il n'y a qu'un moyen pour un homme public de répondre à ces accusations, — et j'en use — c'est de revenir constamment devant ses commettants, devant ses juges naturels, leur expliquer la politique, toute la politique, sans réserves, sans restrictions. afin de reconnaître à l'accueil qui est fait à cet exposé, si oui ou non ses électeurs jugent qu'il est resté fidèle aux premiers engagements, si oui ou non il a, dans ses discours et dans ses actes, traduit la pensée, exprimé la volonté de ses commettants. (Marques d'adhésion. — Très bien ! — Bravos.)

Lors de notre dernière réunion, il y a deux ans, presque à pareil jour, j'ai prononcé un mot qu'on m'a beaucoup reproché, qu'on me reproche encore, soit que je parle, soit que je garde le silence (Rires). Oui, messieurs, savez-vous ce qu'on incrimine en moi, souvent avec amertume, c'est d'être, comme on me dit, de Belleville, c'est de tenir à Belleville, c'est de protester contre les calomnies dont Belleville est l'objet. (Hilarité.) Quant à ce mot qu'on me reproche d'avoir prononcé, dont on a dit que je veux faire un drapeau de désordre, quel est-il donc ? On me reproche de n'avoir pas voulu « *couper ma queue* ». (Nouvelle hilarité.)

Messieurs, ce mot bizarre et méprisant de « queue » traduit assez bien, dans la pensée de nos adversaires, l'évolution qu'ils voudraient nous voir faire et qui consisterait à tourner le dos à ceux qui nous ont fait entrer dans la vie politique. Eh bien, non, je n'ai pas coupé ma queue et je ne suis pas prêt à le faire. En veut-on la preuve ? la voici : je suis ici, mes chers concitoyens, au milieu de vous, tel que vous m'avez toujours connu. (Très bien ! très bien ! — Applaudissements prolongés.)

Mais venons à nos affaires, et abordons le sujet de cet entretien. Depuis notre dernière entrevue, que s'est il passé? Après avoir rappelé brièvement les événements accomplis depuis deux ans, nous arriverons à la situation présente ; nous la jugerons ; et, nous étant rendu compte de ce qu'elle contient encore de périls et d'alarmes, nous rechercherons ensemble quels remèdes, quelles résolutions, quels procédés il y faut appliquer pour atteindre enfin ce but sans lequel il n'y a ni avenir pour la patrie, ni paix sociale, ni politique intérieure ou extérieure, ni gouvernement pour la France. Ce but, mes chers concitoyens, vous le connaissez : c'est la République définitivement fondée et mise au-dessus de toutes les contestations des partis, de toutes les attaques des factions. (Bravos et applaudissements.)

Jetons donc un coup d'œil sur ce passé de deux ans, à la fois si près de nous et si bien mort.

Nous avons eu, depuis notre dernière entrevue une tentative audacieuse, effrontée, de restauration de la monarchie qui s'appelle légitime. Devant la répulsion manifestée par l'opinion publique, le frémissement d'inquiétude et d'horreur qui a remué la France jusque dans ses couches les plus profondes la restauration monarchique, soit défaillance, soit peur,

soit impuissance, a misérablement avorté.
Elle a avorté parce qu'elle était contraire,
absolument contraire au génie national :
personne en France ne voulait la restauration de la monarchie, ni le paysan dont
elle est l'effroi, ni l'ouvrier qui n'a jamais dissimulé l'aversion qu'elle lui ins-
pire, ni l'armée dont elle supprime le
drapeau, symbole de sa gloire et de son
honneur ; personne n'en voulait. Aussi,
messieurs, comment s'étonner que celui-
là même qui est à la tête de l'Etat, que le
premier magistrat du pays, ait prononcé
la parole significative qui restera comme
l'arrêt de mort de la monarchie ? Il a dit
que, devant une tentative de restauration, les chassepots partiraient tout seuls ;
et la monarchie est rentrée dans l'ombre. (Applaudissements)

Cependant, les comploteurs ne se sont
pas tenus pour battus. Ils ont essayé d'une
autre monarchie, mais il était difficile de la
servir sur l'heure ; non pas que les titu-
laires manquassent, non pas que les
courtisans fissent défaut, non pas qu'il n'y
eût des habiles tout prêts à la présenter
au pays comme un moyen de délivrance
et de renouvellement, mais parce que...

A ce moment, un certain nombre d'auditeurs se trouvant trop pressés interrompent
l'orateur, en échangeant entre eux des inter-
pellations à haute voix. Des mesures sont prises pour remplir les parties de la salle encore

inoccupées : cent cinquante auditeurs se déplacent, le silence se rétablit, et M. Gambetta reprend son discours en ces termes :

Je vous disais donc, messieurs, qu'après l'échec définitif de la monarchie légitime, on tenait une autre monarchie en réserve ; que l'on n'avait pas poussé les choses jusqu'à la tentative ouverte, mais que l'on avait au contraire masqué soigneusement la tentative projetée, et, quoique les événements passent très vite, vous n'avez pas encore oublié le nom de cette combinaison aussi bizarre qu'inexplicable et fragile, destinée à servir de paravent aux projets que l'on méditait, et qui s'est appelé le Septennat.

Le Septennat est allé rejoindre dans le néant, d'où on n'aurait pas dû le tirer, les rêves des partisans de la royauté traditionnelle. (Rires.) Ce gouvernement hybride et innommé a cependant duré assez longtemps pour paralyser la confiance et pour arrêter l'activité nationale ; il a duré assez pour ramener au grand jour de la vie publique, dans les fonctions, dans la politique active, dans l'administration du pays, dans la presse, pour grouper et réunir, dans des associations factieuses qui ne se cachaient plus pour ourdir leurs manœuvres et qui, se croyant assurés de l'impunité, les étalaient en pleine lumière, les hommes et le parti qui constituent le plus honteux comme le plus sinistre péril qui puisse menacer la France. (Vive adhésion.)

Oui, messieurs, des hommes d'Etat légers, imprévoyants dans leurs rancunes, éperdus et ne voyant qu'un moyen d'échapper à cette prise, chaque jour plus serrée, du pays qui les acculait à la République, ne craignirent pas de tirer de sa honte et de son ignominie ce qui reste de la faction de Décembre, de la ramener sous les yeux de la France surprise de tant d'audace et de sottise. (Bravos.) Messieurs, ce n'était pas là, — quoique peut-être certains personnages habiles en aient eu l'arrière pensée, — ce n'était pas là seulement une combinaison pour faire horreur à la France et pour l'entraîner vers leur monarchie constitutionnelle préparée et déguisée sous leur septennat byzantin ; c'était surtout un moyen de faire échec au parti républicain, qui chaque jour grandissait dans le pays. Mais, messieurs, ces habiles gens n'étaient pas de taille à faire campagne avec leurs nouveaux collaborateurs, pas plus qu'à résister à de tels complices et à les dominer ; et l'on vit promptement que, dans cette association de partis qui se détestent, il y en avait un qui devenait tous les jours plus menaçant parce qu'il avait le moins de scrupules et le plus de cynisme. Le danger était immense, et

les alarmes étaient légitimes. On sentait
la conspiration partout. Les révélations
les plus complètes durent être bientôt
mises sous les yeux de la France et de
l'Assemblée. Ce jour-là, messieurs, il
faut le dire, un éclair de patriotisme
illumina des intelligences honnêtes ; un
mouvement de pudeur politique et d'honneur national s'empara de l'Assemblée
de Versailles ; et, comme toujours, on fit
appel à la seule force qui soit, dans ce
pays, en état de refouler les coupe-jar-
rets du despotisme. (Bravos et applaudissements répétés.)

On fit appel à la République. Il devint
possible de constituer une majorité
d'honnêtes gens, de citoyens dévoués,
dont les uns ont fait de réels sacrifices
d'opinion, les autres des concessions de
position, tandis que d'autres enfin con-
sentaient à différer la réalisation im-
médiate de leurs tendances politiques.
Messieurs, il faut dire la vérité, c'est par
horreur du césarisme, cette hideuse lè-
pre qui menaçait de nouveau d'envahir
la France (Applaudissements), c'est
pour en finir avec un provisoire mortel
et irritant qui empoisonnait jusqu'aux
sources mêmes de la vie nationale que
l'on se décida enfin à écouter la voix du
suffrage universel. Aux approches du
péril, les illusions tombèrent, les yeux
s'ouvrirent, les hommes de bonne volonté

et de bonne foi se conflèrent résolûment à la démocratie et à son esprit, et la République fut faite. (Mouvement prolongé.)

Ah ! je sais bien tout ce que l'on peut dire. Je sais bien que lorsqu'on a le droit, que lorsqu'on est en possession de la vérité politique, que lorsqu'on a pour soi la justice des principes, il serait bon et beau, grand et avantageux, de ne jamais permettre que, dans l'action politique, elle puisse être amoindrie ni restreinte. Je sais surtout que ce serait à la fois la tâche la plus douce et la plus noble de saluer la vérité et la justice dans toute leur splendeur et toute leur majesté. Oui, mes concitoyens, nous serions heureux de n'être jamais réduits à traiter avec les difficultés, pas plus qu'avec les principes. Mais les sociétés ne commencent pas par l'idéal ; les agglomérations humaines ne vont pas d'un seul bond ni à la perfection absolue, ni même à un état meilleur : le progrès est œuvre de temps et de patience. La route est longue, elle est semée de périls et de sacrifices, elle est jonchée de martyrs. Et qui donc, parmi ceux qui connaissent la nature de l'homme, les conditions de la société, les annales de l'histoire, s'est jamais flatté de pouvoir, avant de mourir, saluer la réalisation complète et absolue de la vérité parmi les hommes ? (Sensation prolongée.)

Non! non! poursuivons notre tâche, apportons nos services dévoués, augmentons d'une parcelle le patrimoine que nous ont légué nos aïeux; apportons, nous aussi, notre tribut à ce trésor qu'on nous transmet non pas seulement depuis la Révolution française, mais depuis qu'il y a un peuple qui respire, qui travaille, qui souffre, qui lutte pour le droit et la liberté sur le sol de notre grande et malheureuse patrie, depuis l'Océan jusqu'au Rhin, depuis les Alpes jusqu'aux Pyrénées. Est-ce que la liberté, la démocratie, la justice, le progrès ont été jamais. pour ce glorieux et infortuné peuple de France, autremen qu'entrevus, salués dans des heures fugitives, comme des éclairs au milieu de l'orage? (Sensation.) Pourrions-nous désirer autre chose, dans les difficultés multiples que nous traversons, que mettre de notre côté le droit, la légalité et, autant que possible, le respect des magistrats pour les principes que nous représentons, et assurer à cette Révolution française, dont on nous dispute effrontément les conquêtes, un régime légal, défini, défini if. à l'abri des coups de la force et des retours de la fortune? Messieurs, qu'avons-nous obtenu, en fin de compte? Nous avons obtenu pour nos idées, pour nos principes, pour notre gouvernement, que tous les Français, tous sans exception, aussi bien ceux qui sont à la tête de l'Etat que les derniers agents subalternes, leur doivent, sous peine de forfaiture et de trahison, le respect et l'obeissance. (Très bien ! très bien ! — Bravos et applaudissements.)

Nous étions dans une situation troublée, fatigante, grosse de périls extérieurs, qu'il fallait faire cesser, — car, messieurs, n'oublions jamais que, malgré ses mutilations, la France reste encore un objet d'envie et d'avidité dans le monde. Il fallait sortir d'une impasse redoutable ; le péril était extrême. Quel parti prendre ? Eh bien ! messieurs, veuillez y réfléchir, — quant à vos enfants, je suis sûr qu'ils ne l'oublieront jamais, — il y a eu un jour où, sous l'inspiration du patriotisme éclairé par les périls auxquels la France était exposée, des hommes investis du mandat de leurs concitoyens se sont réunis et ont fait un pacte solennel avec la République, afin d'assurer la paix au dehors et au dedans. (Applaudissements.)

On a fait une Constitution, on ne l'a pas beaucoup discutée. On a organisé des pouvoirs, on ne les a pas très minutieusement et, si je puis le dire, on ne les a pas très analytiquement examinés et coordonnés. On a été vite, et cependant savez-vous ce qui est arrivé ? C'est que l'œuvre vaut mieux, peut - être, que les circonstances qui l'ont pro - duite ; c'est que, si nous voulons nous approprier cette œuvre et la faire nô- tre, l'examiner, nous en servir, la bien connaître surtout, afin de bien l'appli- quer, il pourrait bien se faire que cette Constitution, que nos adversaires redou- tent d'autant plus qu'ils la raillent, que nos propres amis ne connaissé·t pas en- core suffisamment, offrît à la démocra- tie républicaine le meilleur des instru- ments d'affranchissement et de libéra- tion qu'on nous ait encore mis dans les mains. (Profonde sensation.)

Messieurs, si vous le voulez bien, nous allons démonter ce mécanisme, voir en- semble ce qu'il contient, ce qu'on y a laissé passer et ce qu'on en peut faire pour le plus grand bien de la France et de la démocratie.

Vous savez que cette Constitution est courte ; elle contient deux lois et trois chapitres : il y a une Chambre des dépu- tés nommés par le suffrage universel di- re·t ; il y a un président de la République nommé par la Chambre des députés et par la seconde Chambre sur laquelle je m'expliquerai tout à l'heure, seconde Chambre qui compose le troisième pou- voir et qui est le Sénat.

Remarquez d'abord que les pouvoirs du président de la République ont une bonne origine. Les pouvoirs du président de la République n'émanant plus du suffrage universel et direct de toute la nation, on ne s'avisera plus de poser le premier magistrat, le gardien et le serviteur de la loi, comme supérieur ou antérieur aux représentants du pays qui font la loi. Le président ne sera plus comme une sorte de lieutenant-général d'un empire ou d'une monarchie; il ne pourra plus avoir les mêmes facilités que l'on avait si légèrement et si témérairement concédées à... non pas à son prédécesseur, mais au prédécesseur de son prédécesseur. (Rires. — Applaudissements.) Electif, à temps, obligé à enregistrer les volontés des Assemblées et à promulguer les lois qu'elles feront, responsable devant elles s'il portait atteinte aux droits fondamentaux du pays, il est un président, il n'est ni un monarque en expectative ni un prince qui s'apprête à revêtir la pourpre césarienne. Sa situation, quoique modeste, reste assez haute pour que l'autorité entre ses mains soit digne de la France, qu'il représente, et de la loi, qu'il est chargé de faire exécuter.

Mais parlons du Sénat, et c'est évidemment la préoccupation générale de l'opinion de savoir ce que c'est que ce Sénat que l'on vient de nous donner.

Je dis, tout d'abord, qu'il n'y a pas à

s'y méprendre et que ceux qui ont eu les premiers l'idée de constituer un Sénat ont voulu, dès l'origine, créer là une citadelle pour l'esprit de réaction, organiser là une sorte de dernier refuge pour les dépossédés ou les refusés du suffrage universel. (Hilarité. — Bravos.) Il n'est pas douteux que, dans l'esprit de tous les législateurs, — je n'incrimine pas plus les uns que les autres, — la première pensée qui a présidé à l'organisation du pouvoir législatif en deux Chambres a été une pensée de résistance contre la démocratie républicaine. (Marques générales d'assentiment.) Mais il faut voir si ceux qui ont eu cette pensée l'ont bien réalisée. Il s'agit de reconnaître si, étant par hasard imprégnés eux-mêmes, et plus profondément qu'ils ne le croyaient, de l'esprit démocratique qui palpite dans tout le pays, et voulant créer une Chambre de résistance, une citadelle de réaction, ils n'ont pas organisé un pouvoir essentiellement démocratique par son origine, par ses tendances, par son avenir. Messieurs, quant à moi, telle est ma conviction, et je vais essayer de l'établir.

Un Sénat, vous n'ignorez pas que c'est là une institution qui remonte fort loin dans les annales des hommes. Il y en a eu dans tous les pays de l'Europe, sous les latitudes les plus diverses, avec les régimes les plus variés et les plus opposés, dans l'antiquité et dans les temps modernes. Parmi ces corps politiques, il en est qui ont laissé de glorieux souvenirs d'habileté et de puissance, de tradition et de sûreté dans le développement d'une grande politique nationale : j'indique le Sénat de Rome et celui de la République de Venise. A côté de ces Sénats historiques, il faut placer les Chambres hautes qui ont été, qui sont encore la représentation de la fortune, de la naissance, de la grande propriété, des Eglises constituees. Ces hautes Chambres, Chambres des lords, des pairs, des seigneurs, ont joué un grand rôle à certaines époques, mais, à l'heure qu'il est, sans entrer dans le détail des causes, elles sont frappées d'une certaine défaveur, et cela même en Angleterre, sur la terre classique où elles ont pris naissance.

En France, nous avons eu, non pas des Sénats, parce qu'on ne peut pas appeler de ce nom les assemblées ou les collections d'hommes que le premier et le second empire réunissaient au Luxembourg (Hilarité), mais nous avons eu des Chambres des pairs. Ces Chambres, qui contenaient certainement ce que l'élite des classes dirigeantes avait de plus cultivé, de plus brillant, de plus influent, ont passé avec des alternatives diverses, jetant, de temps à autre, un grand éclat

sur la tribune, mais ne donnant aucun
soutien, aucune solidité aux institutions
dans le cadre desquelles elles trouvaient
place, ne jouissant d'aucun prestige, ne
disposant d'aucune force aux jours des
dangers et s'évanouissant dans les mo-
ments de péril, sans même avoir besoin
de fuir devant la colère populaire. (Rires
et bravos.)

Nos législateurs d'aujourd'hui, la tête
pleine de ces souvenirs, et aussi quelque
peu inquiets sur l'avenir politique d'un
certain nombre d'entre eux, ont considéré
le Sénat comme un suprême espoir, comme un refuge contre le dédain de ce
qu'ils appellent le nombre, c'est-à-dire
tout le monde, c'est-à-dire la France.
(Rires.) Convaincus qu'ils étaient, bien
entendu, que la France ne les appré-
cie pas selon leur mérite, ils se disaient
que personne ne pourrait mieux les
servir qu'eux-mêmes ; c'est à cette in-
tention qu'ils se sont dotés d'un Sénat.
(Nouveaux rires.) Mais ce Sénat, dans
lequel ils voulaient s'installer le plus
majestueusement possible, ils avaient
rêvé d'abord de le composer directement,
puis de le faire nommer par le chef de
l'Etat, ou, en fin de compte, par un corps
électoral, oh ! mais, un corps électoral
suffisamment dosé, trié, préparé et mu-
ni de droits tellement réduits et imper-
ceptibles que ce devait être une véritable

dilution homœopathique de suffrage universel. (Hilarité prolongée. — Applaudissements.) Ces diverses combinaisons
ne firent qu'apparaître : aussitôt qu'on
les présentait à la tribune, un tel éclat
de rire s'emparait de l'opinion publique, qu'on n'apercevait plus ni l'o-
rateur ni son projet. (Rires et applaudissements.) C'est ainsi que nous
avons été débarrassés successivement
des combinaisons de Sénats où ces
messieurs auraient pu s'installer à coup
sûr. Mais alors, comme il fallait cependant trouver un moyen d'avoir quelque
chose qui res emb ât à une Chambre
haute, on a créé un Sénat qui est aujour-
d'hui la loi du pays, que nous devons
respecter à ce titre, bien mieux, que nous
devons considérer comme l'ancre de salut
sur laquelle doit reposer le vaisseau de
l'Etat. La République, comme vous le disait tout à l'heure mon brave et cher ami
Blanch-t, est passée de l'état de fait à
l'état légal du pays. C'est là une parole
que nous devons répéter sans cesse ;
c'est une idée dont il faut faire pénétrer
la conception, les conséquences, la portée, jusque dans les derniers rangs du
suffrage universel. Il importe que partout, dans le dernier village de France,
on sache bien que la Républ ique est la
loi de la France et que tous ceux
qui, soit ouvertement, soit par des

moyens obliques et détournés, soit en
invoquant je ne sais quel droit à
perpétuer la discussion trop longt-mps
ouverte et maintenant fermée entre la
monarchie, l'empire ou la République,
que tous ceux qui aspirent à fausser l'esprit public, le jugement du suffrage universel, sont des factieux et méritent
d'être traités comme les pires des révo-
lutionnaires, parce qu'ils portent la main
sur l'édifice qui, seul, peut abriter les
générations contemporaines et futures
contre les catastrophes qui pourront nous
menacer encore (Bravos répétés). Oui,
messieurs, ne nous lassous jamais de nous
présenter devant le pays, c'est notre droit,
comme les véritables défenseurs de l'ordre public, de l'ordre républicain, de la
paix sociale. Assez longtemps, d'une façon injuste, arbitraire et odieuse, vous
avez été traités, nous avons été traités
comme des séditieux, comme des hommes de désordre, pour que le jour où,
grâce à la persistance de la France à
proclamer, dans les élections, sa volonté
d'établir les institutions républicaines,
les hommes de la démocratie ces-
sent d'être dénoncés et poursuivis ;
assez longtemps le parti républicain a
été présenté aux populations qui, dans
ce pays, sont attachées à l'ordre et à la
paix publique, parce que la France est
par excellence le pays du travail et de

l'épargne, comme un parti de violence, de subversion et de désordre, pour que les républicains, à leur tour, disent hautement à tous : Fonctionnaires ou simples citoyens, habitants des villes ou des campagnes, riches ou pauvres, jeunes ou vieux, si vous êtes les hommes d'un parti, et non pas de la nation, si vous conspirez la ruine des institutions républicaines, prenez garde : c'est nous qui sommes le droit, et vous, vous êtes la sédition. (Double salve d'applaudissements.)

Messieurs, je dis qu'il est d'autant plus nécessaire que de pareilles pensées pénètrent jusque dans les derniers rangs du corps électoral, que la Constitution du nouveau Sénat lui a été remise presque tout entière. En effet, le Sénat sera composé de 300 membres, dont 225 seront choisis par le corps électoral, et quant aux autres 75, je m'en expliquerai tout à l'heure. Le corps électoral qui nomme les 225 membres est formé de quatre éléments ; l'élection a lieu par département, au scrutin de liste et au chef lieu. Les quatre éléments du corps électoral sont ceux-ci : les députés, c'est-à-dire les représentants les plus autorisés du suffrage universel dans le département ; les conseillers généraux et les conseillers d'arrondissement, c'est-à-dire l'expression du suffrage des divers groupes de

citoyens qui composent le département,
et, enfin, les délégués de chaque commune.

C'est ici, messieurs, que je veux arrêter
votre attention. Je veux que vous saisissiez bien quel admirable instrument
d'ordre, de paix, de progrès démocratique cette intervention de l'esprit communal dans le règlement des grandes
affaires politiques peut procurer à la
France. J'ai longtemps hésité, tout
d'abord, à croire que l'Assemblée
certainement la plus monarchique,
la plus.... comment dirais-je?..... la
moins laïque... (Hilarité prolongée)
qu'ait eue la France, imbue des préjugés du gouvernement oligarchique,
j'hésitais à croire que cette Assemblée, ayant à constituer une seconde
Chambre, en arriverait à lui donner
pour point de départ, quoi? Ce qu'il y
a de plus démocratique en France, ce
qui constitue les entrailles mêmes de
la démocratie : l'esprit communal, c'est-
à-dire les trente-six mille communes de
France.

Voyez-vous à quel point il faut que
l'esprit de démocratie ait envahi toutes
les cervelles et pénétré jusqu'à nos adversaires les plus avérés, pour que nos
législateurs de 1871 aient assigné pour
origine au Sénat qu'ils voulaient établir les trente-six mille communes de

France! Admirez, en effet, les conséquences et la portée d'une telle loi !

Voilà des communes qui, jusqu'ici, ont été tenues en tutelle, qu'on avait sévèrement exclues de la politique, dont on a fait surveiller toutes les délibérations dans le but d'empêcher la politique d'y pénétrer et d'y tout transformer; voilà des communes qui, aujourd'hui, ne vont pas faire une seule élection de conseiller municipal sans s'enquérir auparavant des opinions politiques de chaque candidat, sans savoir par avance, dans le cas où il aurait à participer à une élection de sénateur, quels seraient son vote, ses tendances, ses opinions. Non-seulement on appelle les citoyens, à la racine même de l'Etat, dans la commune, à ce perpétuel examen de conscience politique, mais on fait mieux. Ces communes entre lesquelles on avait établi des fossés infranchissables, ces communes qui s'ignoraient les unes les autres, qui jamais n'avaient été, sur le sol, qu'une poussière de véritables molécules inertes et désagrégées, cette poussière, voilà qu'on la prend, qu'on la pétrit, qu'on va l'agréger, la cimenter, lui donner la cohésion, la force, la vie, en faire une véritable personne morale, parlant et agissant au nom de toutes les communes françaises! (Profonde sensation.) En effet, chaque commune, quand elle se réunira pour faire ses élections municipales, agitera des questions politiques; et puis, quand il faudra choisir le délégué qui pourra être pris, non-seulement dans le Conseil, mais dans la commune, il y aura un débat qui entraînera de nouveau et nécessairement l'examen des questions politiques et, de plus, l'interrogatoire des candidats à cette délégation, la solution de toutes les questions de principes et de personnes qui peuvent s'y référer. Ce n'est pas encore tout. Cette commune qui, jusque-là, était indifférente, privée d'activité politique, va être obligée, à l'appel de ses meilleurs citoyens, de s'instruire, de s'informer, de s'enquérir, de savoir non-seulement les choses de la politique mais encore ce que valent les hommes qui veulent s'en occuper. Et ce premier travail d'examen et de confrontation, cette première éducation mutuelle de la politique qui aura lieu au siége de la commune, croyez-vous qu'elle va s'arrêter là, grâce à la Constitution du Sénat? Oh! nenni! On prendra qui le chemin de fer, qui la carriole, qui à pieds, et on se rendra où? Au canton? Non, le canton ne vit que d'une vie locale, ce n'est pas un centre assez développé. Au chef-lieu d'arrondissement? Non, c'est un centre plutôt administratif que réel. On se rendra au chef-lieu du département, où tous les délégués des com-

munes se rencontreront, où ils s'entre-
tiendront des aspirations, des opinions,
des volontés de leurs communes respec-
tives, où ils se grouperont selon leurs
affinités naturelles, où, réunis, causant,
discutant, échangeant des idées et des
impressions, ils passeront en revue leurs
intérêts, leurs idées, leurs besoins, leurs
droits et leurs devoirs. Un travail semblable d'éducation amicale et mutuelle
sera-t-il donc sans résultats? Croyez-
vous qu'il ne contribuera pas à répandre partout la lumière, à élargir
les idées de tout le monde? Ces délégués reporteront dans les centres
dont ils seront les représentants naturels le mouvement et la vie, c'est-à-
dire ce qui manque à la France. Car, si
la France a failli succomber, si ce siècle a vu tant de choses glorieuses et
tragiques, les plus grandes gloires et
les plus grands abaissements, c'est parce que la vie politique ne circulait que
dans certaines parties de la France, et
qu'elle n'était pas passée des grandes
artères dans les dernières veines du
pays (Marques unanimes d'assentiment. — Applaudissements.); c'est parce qu'on ignorait tout de la vie politique, qu'on s'en rapportait à l'ordre ve-
nu d'en haut, à l'agent expédié des
centres : nous avons connu un temps où
on laissait faire les affaires sans s'en-

quérir de rien, sans s'informer, cette première condition de l'administration locale. Ces temps-là sont finis, messieurs ; aujourd'hui, la vie poli ique va circuler du hameau à la ville, les commu.es vont délibérer, s'instruire réciproquement ; elles s'informeront, se renseigneront et pourquoi faire? Pour dicter leurs volontés, c'est-à-dire pour régner. (Salve d'applaudissements.) Pensez-vou-, messieurs, que ce soit un médiocre avantage de pouvoir, là, au centre du département, faire comparaître les divers partis avec leurs programmes, avec leurs promesses, avec leur- ruses et leurs mensonges, les divers candidats avec leurs pensées, leurs votes et leurs responsabilités ? Pensiez-vous qu'il fût possible d'inventer un meilleur moyen d éducation, de propagande, de prosélytisme, à l'usage du suffrage universel ? Après tout, messieurs, qu'est-ce donc que la politique dans notre pays? N'est-ce pas l'instruction du suffrage universel, son instruction sur place? Eh bien, vous avez un moyen qui a besoin d'être pratiqué, comme tous les moyens, mais un moyen admirable si vous savez vous en servir, si vous voulez, dans chaque commune, dans chaque département, faire ce qu'il faut. Je parle non seulement pour ici, mais pour toutes les communes. Oui, je le dis avec joie, les paysans de France tiennent leurs destinées entre leurs mains, ils sont les premiers arbitres des progrès de la nation; ils peuvent prononcer le mot décisif sur la question de savoir quels sont les véritables souverains dans une nation libre : d'eux, de leurs représentants fidèles, de leurs vrais mandataires; ou de ceux qui veulent les tromper pour les asservir. (Bravos et applaudissements.)

Il est bon, messieurs, que ces choses-là soient dites ici, parce que je sais bien quelle est l'objection. Cette objection ne naît pas seulement sur nos lèvres, soyez convaincus que d'autres que vous l'ont faite, et faite dans des temps plus difficiles que ceux que nous traversons.

Vous savez ce qu'on disait en 1848, en 1849, en 1850, dans ces années louches, obscures, pleines de piéges et d'embûches où l'on préparait des coups d'Etat. On disait alors et on a dit pendant tout l'empire, à l'électeur des campagnes, au paysan, c'est-à-dire à ce qui est la moëlle et la réserve de la France, on lui disait : Ton ennemi c'est l'homme des villes, ton ennemi c'est l'ouvrier des villes, c'est lui qui empêche que tout marche, que les affaires aillent bien, que les impôts se réduisent. Messieurs, c'était une politique honteuse et néfaste que celle qui tendait à faire deux Frances opposées l'une à l'autre, la France des villes et la

France des campagnes. C'étaient là
d'indignes calomnies. La démocratie
républicaine est une, comme la France
elle-même. D'ailleurs vous tenez, si vous
le voulez, un gage d'alliance, un instrument de concorde. Les campagnes viendront dans vos villes, elles y enverront
leurs représentants, vous causerez avec
eux de leurs intérêts, et ils ne pourront
pas dire que leur volonté sera surprise;
car quel est le nombre des villes à côté
du nombre des campagnes? En effet, remarquez cet avantage considérable,
qu'ayant le droit, elles ont encore la
majorité : les campagnes sont 34.000
contre 3,000. Vous voyez que, lorsqu'on
fait de la politique d'intrigue, on est
très souvent pris à ses propres piéges.
(Rires.) On s'est trompé, l'étiquette a
tout perdu : on appelait cela un Sénat,
et on a cru qu'on aurait un Sénat. (Nouveaux rires.)

Mais énumérez les conditions de l'institution, regardez-y de bien près, voyez
ces communes éveillées à la vie politique,
se groupant, se réunissant, se rensei-
gnant, s'informant, délibérant, déléguant
leurs hommes; ceux-ci s'assemblant au
chef-lieu du département, faisant préva-
loir leurs volontés, lesquelles seront, le
jour de l'élection, ce qu'elles auront été la
veille. Après la délibération commune,
que va-t-il sortir des urnes? Un Sénat?

Non, citoyens, il en sortira le Grand Conseil des Communes françaises. (Applaudissements.)

Oui, messieurs, le Grand Conseil des Communes françaises, tel est le nom qu'il convient d'adopter. Écartons de nos esprits la vieille étiquette, elle est usée, mettons-la au rebut ; non, ce n'est pas un Sénat à l'usage des monarchies, un Sénat à l'ancienne mode, nous avons bien d'autres prétentions ! Non-seulement il faudra que le Sénat de la République soit animé de l'esprit de notre démocratie laborieuse et patiente, énergique et tenace, amoureuse d'égalité, avide de savoir, dure au travail, constituée par douze millions d'ouvriers, de paysans, de bourgeois qui réclament le droit de faire leurs affaires, mais il y a mieux. Il va se passer un phénomène nouveau au sein des masses profondes du suffrage universel. Après que les délégués des communes auront été réunis, après qu'ils auront délibéré et voté, chacun d'eux rentrera dans sa commune, il causera avec ses amis et s'entretiendra de ce qui aura été fait à la ville, au chef-lieu, de ce que d'autres délégués pourront être appelés à y faire encore une autre fois et dans des circonstances semblables, et la nécessité de pourvoir aux élections du Sénat, devoir qui dépend de la mort ou du

sort, fera que constamment les citoyens
les plus actifs auront à l'esprit la pensée
d'exercer ce devoir. Alors, ils se diront
les uns aux autres le grand secret de
la politique démocratique, car cette politique a un secret. (Mouvement.) Oh! il
ne faut pas le cacher, ce secret; il faut,
au contraire, l'apprendre, le communiquer, le répandre, le divulguer à tous.
Ce secret, le voici. Faire comprendre à
celui qui dispose d'un bulletin de vote
tout ce qu'il y a dans ce petit carré de
papier et quelle est la relation qui lie cet
acte du citoyen à toutes les fonctions de
l'Etat. Il faut apprendre au plus humble
comment, par son choix, par son vote,
on influe sur l'impôt, sur l'instruction, sur
l'armée, sur la guerre, sur la justice, sur
la liberté, sur l'éducation, sur l'indépen-
dance de la commune, sur celle du département; et ainsi, peu à peu, le suffrage universel, prenant connaissance
de ses droits comme de ses devoirs,
finira par être le véritable maître, le
maître légitime de la direction des affaires. Et comme je ne connais pas d'autre droit que celui de la majorité, le
paysan changera, sans révolution, sans
violence, par la simple manifestation
de sa volonté, le cours des choses, et il
fera de la politique, non pas au point
de vue de ses intérêts privés, mais au
point de vue des intérêts de tous.

Qu'est-ce à dire, messieurs ? et que penser de cette politique nouvelle ? Ce sera tout simplement le renversement de la politique suivie jusqu'à ce jour. (Rires et bravos.)

Vous saisissez maintenant quels sont les avantages de ces nouvelles attributions concédées aux communes françaises : augmentation de pouvoirs, création de relations jusqu'à présent impossibles, augmentation d'instruction et de lumières, émancipation de la commune, émancipation du citoyen, la vie publique descendant jusqu'au bas de l'échelle sociale.

Voulez-vous me dire dans quel Etat de la vieille Europe on a fait, à l'usage d'une démocratie, un instrument meilleur et plus avantageux ? Et, si vous ne vous endormez pas, si vous n'êtes pas des indifférents, des paresseux ou des égoïstes, voulez-vous me dire si vous n'avez pas en mains l'instrument de votre affranchissement ? Car, songez-y, si vos choix sont bien faits, et partout à la fois, le résultat est certain. L'esprit français peut être mobile, mais il est bien semblable à lui-même, et il n'y a pas, entre les gens qui habitent les buttes Chaumont et ceux qui habitent la vallée du Rhône, les montagnes des Vosges ou les rives de la Loire, de très grandes différences ; celle qui existe, c'est que vous, habitants de

Paris et des villes, vous pouvez, malgré toutes ces difficultés, communiquer entre vous, et que nos concitoyens des campagnes ne le peuvent pas entre eux. On vient d'abaisser la cloison qui empêchait les communications. Désormais, il faudra se concerter, se réunir, délibérer pour agir et pour voter en commun. Dans le mode d'élection du Sénat, il y a encore un autre avantage, qui est de discipliner, de grouper, de hiérarchiser la démocratie. En effet, remarquez qu'on n'introduit pas dans l'organisation du corps électoral des gens venus d'ailleurs, ayant une autre origine que l'élection du suffrage universel. On avait songé, à un certain moment, à introduire des fonctionnaires, des membres des corps constitués, des compagnies savantes ; on a fini par n'y admettre que des hommes honorés déjà de la confiance de leurs concitoyens, que des élus du suffrage universel. De cette manière, on a tout naturellement un corps électoral homogène, un organisme bien formé, avec tout ce qui constitue une hiérarchie bien faite et bien ordonnée. Messieurs, vous conserverez cette organisation, soyez-en sûrs, quand vous l'aurez pratiquée et si vous voulez la pratiquer. Il arrivera de cette loi ce qui est arrivé de celle sur les Conseils généraux : votée avec enthousiasme par nos adversaires, ils la regardent aujourd'hui avec défiance, et actuellement les positions sont changées : ils voudraient bien la défaire, et c'est nous qui en sommes les défenseurs. (Oui ! oui ! — Très bien ! — Applaudissements.)

Messieurs, je le dis avec une entière conviction, cette loi du Sénat est meilleure que la loi sur les Conseils généraux, elle peut être plus profitable ; seulement il faut de l'activité, encore de l'activité, toujours de l'activité. (Très bien ! très bien !) Encore une fois, je sais qu'il y a beaucoup à dire et que l'on dit en effet beaucoup de choses sur ce sujet. La première objection est celle-ci : mais les élections seront-elles libres ?

Je commence d'abord par reconnaître que, toutes les fois qu'on installe dans ce pays un nouveau procédé électoral, presque toujours il se produit au milieu, je ne dis pas de l'indifférence, mais du désarroi des esprits. On regarde l'arme avec défiance, on ne sait pas s'en servir et, par conséquent, on est quelquefois tenté de la laisser de côté. D'autres, au contraire, plus avisés, sont là qui cherchent à l'employer à leur seul bénéfice. Ici il faut nommer les choses par leur nom : il est certain qu'il y a un inconvénient, — je n'appelle pas cela un péril, — un inconvénient momentané, c'est la présence de tous ces maires de l'empire que nous a rendus un ministère de funeste mémoire (Bravos). Il est certain que, dans un grand nombre de communes, un homme, qui n'est pas dans les meilleurs termes avec le suffrage universel (Rires), puisqu'il a reçu l'investiture du pouvoir central malgré le vœu de ses concitoyens, peut, au point de vue des délibérations, des dispositions intérieures, de son action dans la commune, fausser ce premier ressort. Mais il y a deux moyens d'éviter cet embarras : il y en a un que j'appelle de droit, et un autre que j'appelle de fait. Le premier moyen, celui de droit, est celui-ci. Du moment qu'on n'a pas restitué au pays les franchises municipales, et tant qu'on ne restituera pas aux Conseils municipaux le droit de choisir les maires, il faudra, sans sortir de la théorie même de nos adversaires, aviser d'abord au moyen d'empêcher les maires imposés d'être les délégués des communes. Car, en effet, quelle est la théorie en vigueur, théorie d'une époque de réaction, pour refuser aux Conseils municipaux le droit de nommer directement les maires? Cette théorie nous a été assez souvent appliquée pour que nous la connaissions dans tous ses détails. Elle consiste à dire que le maire est l'agent de l'État, qu'il représente le pouvoir central, qu'il détient une part de l'autorité publique, de l'autorité coercitive, de police; par conséquent, on ne veut pas regarder le maire comme l'homme de la commune. Messieurs, tant que cette théorie sera une théorie de gouvernement, il sera impossible aux Conseils municipaux animés de l'esprit républicain de choisir ces maires pour délégués des communes dans les élections sénatoriales, et en effet, qui ces maires imposés représenteraient-ils, s'ils étaient délégués? Non pas la commune, non pas le Conseil municipal, mais la pensée administrative qui les nomme et les maintient en fonctions. En les choisissant pour délégués, on méconnaîtrait l'esprit de la Constitution, c'est l'article 5 qui le dit, puisque cet article veut que les délégués des Conseils municipaux représentent la commune. Pour que ce délégué ne soit pas suspect, il ne faut pas qu'il soit un agent de l'administration, pour deux raisons. D'abord au point de vue du vote: si l'on veut qu'il ait une autorité constitutionnelle, il faut qu'il soit émis avec une entière liberté, sans pression d'aucune sorte, avec une sincérité absolue, plénière. En dehors de ces conditions, ce n'est plus un vote, c'est la caricature du vote; c'est un vote sophistiqué, et non pas un vote sincère et constitutionnel. Il y a en-

core une autre raison. Si le délégué du
Conseil municipal était le maire imposé,
il pourrait arriver que le maire, au len-
demain du vote, se trouvât dans cette situation de devenir l'homme-lige du sénateur qu'il aurait élu sur la suggestion
de l'administration; placé à la tête de la
commune, il deviendrait l'agent de l'élu,
chargé de voter sur les affaires de l'État,
et, par voie de conséquence, les rapports
entre l'État et la commune seraient absolument faussés. Donc, aussi bien au
point de vue du vote que des conséquences
politiques et administratives qui suivent
le vote, le maire qui a été nommé directement par le pouvoir central, en dehors
de la désignation du Conseil municipal,
ne doit pas figurer sur les listes des délégués des communes.

Il appartient, messieurs, à tous les
membres du corps électoral sénatorial
de se pénétrer, dès à présent, de ces
vues, de s'approprier cette manière de
voir, d'en faire leur règle de conduite,
de la répandre dans les villages, d'en
faire la condition *sine qua non* du choix des
délégués et d'assurer à tous la sincérité, la
loyauté des élections. Eh bien ! de deux
choses l'une : ou bien l'on rendra aux
Conseils municipaux la nomination des
maires, ou bien les maires qui n'auront
pas été choisis par les Conseils municipaux ne seront pas pris comme délégués

des communes. (Très bien ! — Bravos et applaudissements.)

Ces détails sont peut-être un peu arides, mais il faut, dans nos réunions, prendre l'habitude de nous occuper de ce qui nous sert et non de ce qui nous plaît. (Marques d'assentiment.) Je maintiens qu'il est urgent que les dispositions de cette Constitution soient connues et interprétées, parce que si nous voulons, si nous savons nous en servir, l'avenir est assuré.

En effet, vous savez bien — et les cris d'effroi de vos adversaires vous l'apprendraient de reste, — que nous touchons à la fin de la période transitoire où nous sommes, que la Chambre des représentants va être renouvelée; elle sera nommée, les uns disent à la fin de l'année, les autres disent au commencement de l'autre. On peut discuter sur le temps plus ou moins long qui nous sépare des élections, mais tout le monde sent bien qu'elles sont prochaines.

Vous savez qu'il faut prévoir les élections législatives. Je ne parle pas seulement pour le département de la Seine, qui a fait ses preuves et qui se retrouvera toujours; mais, dans la très grande majorité des départements de France on a l'impatience de procéder aux élections générales. Messieurs, c'est parce que ces élections générales sont considérées d'avance comme favorables à la démocratie républicaine, que nos adversaires ont inventé le Sénat (Rires). Il suit de là que nos adversaires se détournent en apparence, au moins, de cette seconde Chambre pour se jeter sur le Sénat ; mais ils s'y jettent, qu'ils me permettent de le leur dire, un peu les yeux bandés et sans trop savoir de quoi il s'agit aujourd'hui. Ne venons-nous pas de voir que ce Sénat, ainsi examiné de près, permet non-seulement de livrer bataille, mais d'assurer la victoire ? En effet, si la méthode que nous indiquons, méthode d'examen et de critique préalable, partout installée, dans toutes les communes, au canton, à l'arrondissement, aux chefs lieux de département ; si cette méthode prévaut, je dis, messieurs, qu'il faudra composer le Sénat de la République d'une façon aussi nouvelle et, passez-moi le mot, d'une façon aussi originale que les dispositions mêmes qui l'ont institué. (Mouvement marqué d'attention.)

Il faudra se garder de considérer la fonction de membre du Sénat comme une espèce de récompense qu'on donne à la fin d'une carrière honorablement parcourue. Nous ne devons pas faire de notre Sénat une Assemblée, une Académie un peu trop portée au repos. (Rires.) Il ne faut pas que ce Sénat se recrute trop exclusivement parmi les gens qui répondent à la définition du Sénat, *Senex*, un peu vieux. (Hilarité prolongée.) Je crois qu'il vaut mieux réserver des siéges, dans la Chambre des représentants, aux citoyens qui, selon les traditions ordinaires, paraissent désignés pour le Sénat. Il faut que, dans ce Sénat, dernière place d'armes de la réaction, où elle cherchera à envoyer ses têtes de colonne, ses hommes actifs, influents, les plus en vue, ceux qui auront derrière eux un passé d'homme politique ou administratif assez considérable, la démocratie républicaine envoie, pour tenir tête à ce dernier effort de la coalition réactionnaire, des hommes vigoureux, dont l'esprit, quoique mûr, soit vibrant et robuste, des hommes à la hauteur de toutes les luttes, car, je vous le dis, c'est dans le Sénat que se livrera la suprême bataille. (Marques d'adhésion. — Applaudissements.) Nous saurons donc rompre avec cette habitude de l'esprit français, de considérer le Sénat,—passez-moi le mot, il est un peu choquant, et je ne voudrais rien dire qui fût irrespectueux,— comme une sorte de palais réservé à l'immortalité qui commence. (Hilarité prolongée.)

Certainement il y aura des sénateurs, au beau et noble sens de ce grand nom; mais la plus grande partie de nos sénateurs, partout où vous pourrez les choisir, partout où vous serez les maîtres, devront être actifs, vigoureux, ardents à la lutte, dispos au travail, capables de défendre la République, qui ne sera sérieusement menacée que là ; car, dans la Chambre des représentants, je me plais à espérer avec toute la France qu'elle sera vraiment en sûreté ; je n'ai aucune espèce d'inquiétude sur la nature des périls que nous aurons à redouter dans la Chambre basse; car c'est ainsi qu'on nous appellera. (Rires.) Je compte que nous accomplirons notre tâche facilement, que nous gagnerons la victoire sans trop d'efforts ; mais au Sénat, les représentants de la démocratie auront affaire à des gens qui, d'abord, opposeront aux diverses tentatives de réformes qui viendront de la Chambre des députés, mille résistances, tantôt tirées de la difficulté des temps, tantôt tirées des intérêts personnels ou de la fausse tradition administrative. Dans le Sénat, il faut s'y attendre, on aura tous groupés, tous réunis les représentants des vieux abus, des vieux systèmes (Rires). absolument hostiles aux idées modernes et rêvant de se servir de ce Sénat comme d'un point d'appui pour tenir en échec le parti républicain, pour solliciter peut-être le chef du pouvoir exécutif de s'appuyer sur eux, sous prétexte que le grand âge est la garantie du bonheur et de la sagesse, que l'habitude est la meilleure des conseillères, et que la routine n'a jamais perdu personne (Rires approbatifs.). Messieurs, pour lutter contre la coalition d'idées qui seront défendues avec éloquence, avec art, avec expérience et talent, contre une coalition qui sera toujours d'accord pour résister à toutes les mesures de progrès, pour lutter contre cette phalange immortelle des conservateurs attardés, il faut des bataillons juvéniles, décidés, toujours prêts à la lutte et en état de servir et d'honorer le parti républicain. Le Sénat devra donc être composé avec beaucoup de soin et d'intelligence. Je ne dis pas que, du premier coup, nous réussirons à faire une Chambre haute modèle, et que nous n'aurons plus rien à désirer ; non, et je ne souhaite même pas que nous réussissions si bien du premier coup, parce que ce à quoi on tient, c'est à ce qui a été gagné lentement, péniblement, avec difficulté, c'est ce qu'on arrache à la sueur de son front, ce qui a été conquis à force de persévérance et de labeur. Il en est dans la politique comme dans les affaires : les heureux de la naissance sont souvent prodigues et ingrats ; ceux, au contraire, qui ont lutté contre la misère, contre les nécessités de l'existence, et qui sont arrivés à ramasser le petit pécule qui doit honorer leur vieillesse et assurer l'instruction de leurs enfants, ceux là savent que ce à quoi ils tiennent le plus, c'est ce qui a été le plus dur à gagner. (Très bien ! Très bien ! — Applaudissements répétés.)

Vous voyez, mes amis, que, dans mes réflexions sur le nouveau Sénat, il y a deux éléments bien différents : il y a, d'un côté, ce qui plaît et ce qui rassure, et il y a, d'un autre côté, ce qui doit nous inquiéter et nous tenir en éveil. Ce qui est fait pour nous plaire, c'est que des gens nourris de toutes les théories doctrinaires et royalistes, des gens élevés pendant cinquante ans à l'école de docteurs qui leur avaient appris l'horreur de la démocratie, l'aversion des multitudes, en soient arrivés, sous la pression des événements et de l'esprit public, à ne reconnaître comme origine du pouvoir, comme attribution du pouvoir, que la puissance même de la démocratie.

Ainsi, si vous parcouriez les livres de ce qu'on peut appeler les théoriciens de la monarchie, Bonald, de Maistre, Guizot, Broglie l'ancien, vous verriez qu'ils n'ont jamais qu'un mot à la bouche, jamais qu'une invitation à adresser aux hommes publics, et qu'ils répètent et varient sous toutes les formes. Gardez-vous bien, disent-ils, de laisser arriver la démocratie dans la constitution du pouvoir, de l'admettre à la préparation ou à la confection, au vote de la loi. Or, ici, je viens de l'établir, la démocratie, dans sa base fondamentale, dans ce qui constitue l'essence de ce pays, la commune, est non-seulement invitée à intervenir dans la confection de la loi, elle fait même plus : elle nomme le premier pouvoir de l'Etat. N'oubliez jamais que ce Sénat élu par vos mandataires et vos délégués réformera la loi ; qu'il aura le droit de consulter le pays, de lui faire appel par voie de dissolution ; qu'il concourt à nommer le chef de l'Etat, qu'il peut même le révoquer dans certains cas prévus et déterminés. Il est donc juste de dire qu'au moyen de cette institution du Sénat, non-seulement la démocratie intervient dans la loi, puisqu'elle en est le principe, la source et l'origine ; mais elle tient à sa discrétion les pouvoirs publics, l'exécutif et le legislatif ; elle règne et gouverne ! Par cette institution du Sénat bien comprise, bien appliquée, la démocratie est souveraine maîtresse de la France. (Très bien ! Très-bien ! — Salve d'applaudissements.)

Mais voici ce qui coûte : il faut à notre démocratie désormais toute-puissante, du travail, de l'étude, de la patience ; il lui faut surtout de la prudence politique. Sous peine de voir avorter tous les desseins qu'elle forme pour l'avenir, notre démocratie doit apprendre à se gouverner elle même, à gouverner ses propres impatiences, à ne vouloir rien obtenir que du temps et des progrès de la raison publique. Je n'ignore pas qu'on va commencer l'application et le fonctionnement de cette Constitution du 25 février dans une démocratie très bien disposée, mais à qui on a trop avarement mesuré l'éducation et les lumières pour être véritablement en état, sans dispute, sans erreur, sans échec, sans défaillance, de gouverner immédiatement ; je n'ignore pas non plus qu'on a empoisonné nos campagnes d'idées fausses, de programmes mensongers, de légendes plus ridicules les unes que les autres ; je sais que ce paysan dont la finesse est ma suprême espérance, dont la probité est la véritable réserve de la moralité française, va se trouver en butte à des piéges nombreux, qu'il sera sollicité par des intérêts égoïstes qui ne reculent devant rien pour lui faire peur et le troubler ; je sais combien il a d'ennemis dont il doit se garder, ce qu'il fait souvent sans en avoir l'air ; je connais jusqu'à quel point le fanatisme, l'ignorance, la menace, cherchent à l'exploiter, à le faire succomber et à le détourner de sa vraie voie, de sa pente naturelle qui est la République démocratique; je sais toutes ces choses, mais je sais aussi que, peu à peu, sous l'influence des lois, des institutions, en dépit de la mauvaise humeur et des résistances de certains, je sais que la liberté ira jusqu'à lui, que la propagande de ses frères, de ses concitoyens, le saisira, que sa propre réflexion l'émancipera, qu'il sentira lui-même, de son *tout seul*, comme il dit familièrement, qu'il est maître en sa cabane et qu'il faut qu'il le soit en sa commune; car il nourrit, travaille, peine et se fait tuer pour la France; et quand, associant ces deux idées dans sa tête : domination dans la commune et sacrifice pour la patrie, le paysan sera arrivé à la véritable conception de sa souveraineté, ce jour-là la République sera indestructiblement fondée. (Bravo! bravo! — Vives acclamations.)

Car le paysan ne change pas, lui; il n'est pas mobile; il est toujours aux prises avec les mêmes besoins, il est toujours soutenu par la même pensée, il a toujours l'œil fixé sur le même but; il n'a pas toujours été libre, et il ne lui entre pas beaucoup d'idées à la fois dans la tête; mais, quand une idée y a pénétré, vainement les partis, les factions peuvent l'assaillir : elle est comme un coin dans le cœur d'un chêne, rien ne peut l'en arracher. C'est là sa force, et s'il a pu souvent nous méconnaître, nous républicains, qui avons sans cesse travaillé pour lui, nous l'avons toujours considéré comme le véritable représentant des conquêtes de la Révolution française : nous savions bien qu'un jour il se retournerait vers la démocratie républicaine, vers la France nouvelle, la France de la science et du travail, repentant de l'avoir si longtemps méconnue pour en devenir le fils le plus glorieux et le plus noble. (Sensation. — Applaudissements.)

Messieurs, il se passe aujourd'hui sous nos yeux un fait grave et qui appelle toutes nos méditations : nous assistons au rapprochement de l'ouvrier des champs et de l'ouvrier des villes, entre les petits propriétaires et les bourgeois, et il est nécessaire que ce rapprochement se fasse sans passion, sans préjugés, avec largeur d'esprit et sincérité de cœur, sans revenir sur le passé, sans être défiants ni exclusifs. Il importe que tous ceux qui comprennent que la France a besoin de sève et de fécondité, de moralité et d'ordre, de liberté et de justice, se rencontrent dans la fraternelle et patriotique alliance du prolétariat et de la bourgeoisie. Voilà ce qu'il faut, non seulement dans le Parlement, mais dans la nation elle-même, dans la presse, dans le livre, dans l'école surtout, où vont se rencontrer les générations futures, ceux qui viendront après nous et qui pousseront plus avant la tâche que nous aurons laissée. (Applaudissements prolongés.)

Cette Constitution, qui vous paraissait et qu'on avait présentée comme si bâtarde et si incomplète, a laissé la porte ouverte aux perfectionnements. On rencontre à chaque pas des hommes qui disent : Votre œuvre n'est pas solide, et on pourra la réviser. Ah! je l'espère bien! (Hilarité. — Bravos.) Je ne l'aurais pas votée, si l'on n'avait pas pu la réviser. Quant aux espérances des monarchistes en fait de révision, je vous avoue que je n'éprouve le besoin ni de les réprimer, ni de les abattre. (Rires.) En effet, voilà des hommes qui avaient les cinq sixièmes de la majorité, qui ont eu le pouvoir pendant quatre ans et qui n'ont rien pu faire; et aujourd'hui ils prétendraient chasser la République par la porte de la révision de la Constitution républicaine qu'ils ont eux-mêmes votée? Je suis bien tranquille de ce côté. (Hilarité. — Applaudissements.)

Nous les verrons à l'œuvre. Quant à la révision, si elle s'exerce, elle ne s'exercera que dans le sens des vœux de la France. Eh bien. laissez la France libre, délivrez-la de l'état de siége, enlevez-lui les entraves qui gênent sa parole, et vous saurez ce qu'elle veut. Elle veut ce qu'elle vous a signifié toutes les fois que vous l'avez interrogée : elle veut le gouvernement du pays par le pays, et ce gouvernement n'a qu'un nom, quand on veut être sincère, c'est la République. Voilà ce que dit la France aujourd'hui, ce qu'elle dira toujours, toutes les fois que, librement consultée, elle pourra librement répondre. (Très bien ! — Bravos et applaudissements.)

Le gouvernement du pays par le pays, tel est le vœu de la France. C'est ce principe qui a rallié sous le drapeau de la République un certain nombre d'hommes séparés de nous par les souvenirs. Ils ne sont pas nombreux (Rires), pas assez, messieurs, et il faut souhaiter que leur nombre augmente. (Oui ! oui !) Ils sont venus à nous pour éviter de retomber sous la dictature inepte et criminelle qui nous a conduits à la mutilation de la patrie. Ils sont venus aussi, il faut bien le dire, pour s'associer à la vie, aux destinées de la France nouvelle. Ce qui reste parmi nous de l'ancien régime est mort, et bien mort, et les vivants doivent, veulent vivre avec les vivants; ils sont venus à nous et ils nous ont aidés à fonder ce commencement de République naissante. La France la reçoit aujourd'hui de leurs mains et des nôtres, et je suis convaincu que s'ils sont fidèles à leurs nouvelles convictions, que s'ils veulent revendiquer avec nous les libertés publiques, s'ils veulent le progrès dans l'ordre comme nous voulons l'ordre dans le progrès, ce n'est pas la France qui leur marchandera sa reconnaissance et qui déchirera le pacte que nous avons fait ensemble pour la garde de la patrie, sous l'œil de l'ennemi.

Quant à moi, je ne leur demande que de la sincérité, et je dis qu'en toutes circonstances l'habileté, c'est la sincérité. (Très bien ! — Bravos.)

Je sais bien qu'on essaiera d'alarmer ces nouveaux venus. On leur dira : Vous voyez bien, ces républicains, ces radicaux avec lesquels vous avez traité, ils vont à Belleville pour y exposer leurs principes comme avant le traité; ils vont y parler comme avant; décidément, vous vous êtes fourvoyés : rompez donc avec ces radicaux. (Rires.) Messieurs, je tiens à le dire ici, parce que jamais je ne vous ai trouvés rebelles au bon sens et à la sagesse, parce que, entre Belleville et moi, et de nous deux, c'est souvent moi qui suis le plus emporté, je le dis parce qu'on ne nous connaît pas assez, je le dis pour nos nouveaux alliés, nos récents collaborateurs : ils ne savent pas encore ce que c'est que la force de la démocratie; ils ne savent pas que c'est en vous, par vous, avec vous qu'on peut véritablement combattre le despotisme dégradant et mortel quand il s'appelle Bonaparte, faire front à l'ennemi quand l'ennemi nourrit des projets dangereux pour l'honneur ou l'intégrité de la France. (Salve d'applaudissements.)

Ils ne savent pas encore ce qu'il y a en vous d'abnégation et d'esprit de sacrifice. Ils ne savent pas, et il faut qu'ils l'apprennent, c'est pour cela que je le dis ici, que vous avez été toujours prêts à la patience pour récolter le moindre fruit, prêts aux concessions pourvu qu'elles ne fussent pas des mensonges, prêts à tout supporter, et cela dans votre intérêt, à vous ? oh! non, dans l'intérêt des idées de justice et de progrès que vous incarnez dans la République. Qu'ils apprennent donc que si nous avons échoué, pendant soixante ans, dans l'affermissement des conquêtes de la Révolution française, c'est parce que leurs devanciers ignoraient la démocratie et la détestaient sans la connaître ; qu'ils viennent donc ici, qu'ils regardent, qu'ils se familiarisent avec ces citoyens qui, pendant vingt-cinq ans, ont su toujours respecter la loi, toujours faire de bons choix, toujours attendre, toujours patienter, avec ce peuple qui est toujours prêt à accueillir les hommes de bonne volonté et de convictions sincères, et ils verront que toutes ces craintes chimériques, ces alarmes exagérées et imprudentes ne sont que des moyens de réaction, que rien n'est plus simple et plus facile, et que rien ne serait plus salutaire que d'en finir une bonne fois avec toutes ces appréhensions, toutes ces terreurs, ces spectres démagogiques, et de dire à la face de l'Europe attentive et émue au spectacle d'une aussi noble réconciliation : Républicains et Français, soyons unis ; l'intérêt de la France, son honneur l'exigent ; soyons unis, parce que nous avons besoin d'être forts. (Très bien ! très bien ! — Applaudissements.)

Messieurs, cette alliance n'est pas une chimère ; je crois que ceux-là mêmes qui passent pour les plus opposés à cette union ont l'esprit assez ouvert pour en comprendre la nécessité et qu'ils finiront par la conclure. Dans tous les cas, s'ils ne le font pas, ce sera leur faute ; nous n'aurons rien à nous reprocher, nous républicains à qui appartient certainement l'avenir ; nous aurons été confiants et sincères, et, si la prévoyance et le bon sens manquent à nos adversaires, cela n'arrêtera pas la démocratie, elle continuera sa route sans eux, comme elle l'aurait continuée avec eux. (Très bien ! très bien !)

Ces quelques paroles me paraissaient nécessaires pour prévenir tous commentaires inexacts de notre réunion ; non pas que des commentaires j'aie jamais cure ni souci ; mais il est bon, quand l'occasion s'en présente, de prouver à tous que, devant vous, il n'y a que la raison, que le bon sens qui soient de mise, et que jamais, dans toutes nos rencontres, nous n'avons jamais rien dit au-delà ou en deçà de notre pensée. Je dis donc que, si nos nouveaux alliés descendent avec nous dans l'arène électorale contre l'ennemi commun, qui est le césarisme, la composition du Sénat en sera meilleure; nous aurons à leur faire une place légitime, la place proportionnée à leur nombre, à leur mérite, aux services qu'ils pourront rendre à la République et à la France. Et alors, messieurs, si cette suprême ressource de la réaction, un Sénat oligarchique et presque factieux, fait défaut aux adversaires des institutions républicaines, je vous le dis, nous pourrons véritablement alors entrer dans la période de travail, de relèvement, d'amélioration et de progrès; nous aurons résolu le problème politique, nous n'emploierons plus toutes nos journées à agiter des questions de gouvernement, à faire de la théorie, rien que de la théorie, ce qui est la pire des choses, quand les réformes ne suivent pas de près; alors nous pourrons aborder les questions qui nous tiennent à cœur, en les divisant, en les étageant, en ne traitant d'abord que celles qui sont mûres, en réservant celles qui ne sont pas arrivées à perfection dans les esprits, en procédant avec ordre, avec précision, avec sécurité. (Bravos répétés). Messieurs, je ne fais pas de programme ici, rien n'est plus stérile qu'un programme en l'air, et rien ne serait plus téméraire de ma part; mon programme, pour le moment, c'est le vôtre, et je le résume en un seul mot, en un mot qui pourra répondre aussi bien aux alarmes du dedans qu'aux anxiétés du dehors.

Nous voulons que cette République française, organisée par la concorde et l'union des bons citoyens, s'imposant légalement à tous, même à ceux qui n'en voulaient pas, ramène la France dans ses véritables traditions en assurant les conquêtes et les principes de la Révolution de 1789 et, au premier rang de tous, le principe suivant lequel la puissance publique doit être affranchie dans son domaine, et l'Etat doit être laïque. J'entends par là un Etat qui, au dedans comme au dehors, aura ce caractère éminemment civil, positif, humain, des principes contenus dans l'immortelle Déclaration des Droits qui forme la base de notre droit public depuis quatre-vingts ans, un Etat qui saura prendre position dans les affaires européennes en maintenant la vraie politique française, un Etat qui, au milieu des querelles religieuses qui menacent encore une fois d'ensanglanter notre continent, s'inspirera du génie sage et prudent de la France, et qui portera son drapeau avec fierté dans toutes les mêlées, au nom de la raison, de la tolérance, de la justice et du progrès. (Bravos répétés. — Acclamations.)

Les affaires religieuses sont affaires de conscience et par conséquent de liberté. Le grand effort de la Révolution française a été pour affranchir la politique et le gouvernement du joug des diverses confessions religieuses. Nous ne sommes pas des théologiens, nous sommes des citoyens, des républicains, des politiques, des hommes civils : nous voulons que l'Etat nous ressemble et que la France soit la nation laïque par excellence. (Très bien ! très bien ! — Double salve d'applaudissements.)

C'est son histoire, c'est sa tradition, c'est son caractère entre tous les peuples, son rôle naturel dans le monde. Toutes les fois qu'elle a agi autrement, toutes les fois qu'on l'a fait servir aux desseins d'une secte religieuse quelle qu'elle soit, elle a dévié, elle s'est déprimée et affaissée, et toujours de grandes chutes ont correspondu dans notre histoire à ces grandes erreurs. Ce que nous avons à lui demander, c'est de prendre résolûment son parti, pour elle-même, pour ses idées, pour son génie; et, pas plus qu'elle n'a voulu incliner vers la réforme, elle ne doit incliner vers l'ultramontanisme ; nous continuons l'œuvre de nos pères, la Révolution française préparée par les hommes de la France du dix-huitième siècle, par la France de la raison, du libre examen. Cela suffit non pas à borner notre horizon, mais à définir notre rôle. (Bravos. — Applaudissements.)

Mes chers concitoyens, nous ne devons jamais laisser échapper l'occasion de nous expliquer sur les principes et les affaires de la démocratie républicaine, afin que ceux qui sont de bonne foi et qui ne nous connaissent pas apprennent quelle est notre pensée tout entière. Je le dis et je le répète, ce que nous voulons, c'est la liberté partout et, en premier lieu, la liberté de conscience assurée pour tous ; mais, avant tout et par-dessus tout, nous considérons que la mise en œuvre de la liberté de conscience consiste à mettre d'abord l'Etat, les pouvoirs publics en dehors et au-dessus des dogmes et des pratiques des différentes confessions religieuses, à mettre la France à l'abri aussi bien des empiètements du sacerdoce que de l'empire. (Bravos et applaudissements.) C'est là le commencement et la fin de la liberté civile, qui engendre la liberté politique. (Oui ! oui ! — Assentiment.)

Chers concitoyens,

Je voudrais plus souvent venir vous voir pour causer ensemble, à mesure que les accidents se produisent, que les nécessités se présentent, pour nous entretenir en commun de nos devoirs, de nos droits, de nos intérêts à tous ; mais une chose me soutient quand je suis loin de vous, au milieu de mes collègues qui sont ici, au milieu de ces conseillers municipaux, de ces amis de la Gauche et de l'Extrême gauche entre lesquels je ne distingue pas. Une idée nous soutient tous, c'est que le peuple de Paris est, par excellence, le peuple de France qui comprend le mieux et le plus promptement le rôle de ses représentants et de ses mandataires. Aussi nous n'hésitons jamais à prendre un parti nettement et résolûment aussitôt que les questions nous sont posées, parce que nous avons cette conviction que nous aimons Paris comme il veut être aimé et que nous le comprenons comme il veut être compris. Nous sommes tous à ce point pénétrés de son esprit que nous pouvons errer, sans doute, mais en nous trompant, nous croyons nous tromper avec vous : nos vérités et nos erreurs nous sont communes, comme notre dévouement à la

République et à la France, comme notre foi en leur avenir. (Bravos.) Maintenant, avant de terminer, voici ce que je vous demande. Quand vous vous répandrez dans vos ateliers, dans vos réunions, dans vos familles, dites que nous sommes venus ici apporter des explications sur la Constitution et que de cette Constitution il ne faut pas médire; dites qu'il ne faut pas railler le Sénat, mais au contraire le prendre tout à fait au sérieux et se préparer à lutter contre ceux de nos adversaires qui voudraient s'emparer de cette institution; dites que ce Sénat n'est pas un Sénat comme les autres, que vous savez maintenant à quoi vous en tenir sur le rôle auquel la démocratie le destine, sur le parti qu'elle compte en tirer; dites encore que si vous voulez travailler, vous en ferez une Chambre démocratique, avec des attributions démocratiques, qui pourra doter la France d'un nouvel esprit politique , qui pourra mettre en communication toutes les parties de la nation qui a besoin du concours de tous ses enfants, qui pourra, chose inespérée et qui ne s'est pas réalisée depuis quatre-vingts ans, à un moment donné, dans quatre ou cinq mois peut-être, permettre à la France entière de parler par la voix de ses hameaux, de ses villages, de ses bourgs, de ses villes, sur tout le territoire. Oui, il y à plus de quatre-vingts ans que la France n'a donné un pareil spectacle. A l'aurore de notre Révolution, toutes les communes de France parlèrent et firent entendre des doléances. On était alors à la période des doléances. Aujourd'hui, c'est la période du droit; eh bien, que les communes parlent, qu'elles fassent connaître leurs volontés, et quand la France, ainsi assemblée, ainsi consultée, rappelant la Fédération de 90, aura parlé, qui donc, dans ce pays, ne courberait la tête et n'obéirait ? (Applaudissements prolongés.)

Donc, pensez-y, mes chers concitoyens, les institutions portent presque toujours plus haut et plus loin qu'on ne le pense. L'institution du Sénat est du nombre et, je répète ce que je disais au début de cette soirée, elle vaut mieux que les circonstances et que les hommes qui l'ont produite. Seulement, il faut la mettre en pratique et il faut aussi l'aimer. On ne sert bien que ce qu'on aime, c'est pour cela que vous êtes de bons serviteurs de la démocratie. (Rires d'assentiment.) C'est pourquoi je vous engage à saluer avec moi l'aurore de cette République qu'il vous appartiendra, je l'espère, de faire aussi grande et aussi glorieuse que nous l'avons toujours souhaitée. (Salve d'applaudissements. — Vive la République ! Acclamations.)

Une voix, dans l'auditoire : Et les 75 membres du Sénat?

M. GAMBETTA. Il y a là un de nos amis qui ne laisse rien perdre. (Rires.)

Je vais vous dire, sur les 75 membres du Sénat, mon opinion. C'est la Chambre des députés qui les nommera. C'est anormal, c'est une nécessité qui nous a été imposée et à laquelle nous avons dû céder; mais cette anomalie est limitée et transitoire, accidentelle. Le droit conféré à l'Assemblée de nommer 75 sénateurs, outre l'avantage de faire voter l'ensemble des lois constitutionnelles, a eu pour effet d'implanter dans la loi le principe d'élection. Parmi les députés, un grand nombre ont obéi à une nécessité de tactique et de situation en votant la nomination de ces 75 membres par l'Assemblée. Quant à moi, j'ai toujours pensé que c'était un sacrifice à faire. A ce sacrifice il y a une consolation; c'est que, parmi ces 75 sénateurs, pas un bonapartiste ne sera nommé. (Rires et bravos.) Du moins, c'est ma ferme espérance. (Nouveaux rires approbatifs.)

Puisqu'on a rappelé ce chiffre de 75 sénateurs à nommer par l'Assemblée, permettez-moi de vous donner mon opinion sur les élections sénatoriales. Il n'est pas rare de rencontrer des gens qui prennent une carte, l'examinent par

département et par canton et cherchent
à se rendre compte. Eh bien ! après m'ê-
tre renseigné, sans entrer dans les détails, et sans vouloir ni pouvoir vous
donner un chiffre précis et positif, j'ai
l'espérance et je reste pénétré de cette
conviction que si l'on fait pour le Sénat
la même campagne, que si on déploie la
même activité, la même ardeur que pour
l'élection des députés, il y a bon nombre de départements, et non pas seulement des plus populeux et de ceux où
nous sommes en majorité, mais d'autres
encore, plus petits, moins en vue, où nous
pourrons l'emporter aux élections du Sénat. C'est un compte à faire ; mais nous
le ferons une autre fois. (Rires approbatifs.) Par conséquent, je souhaite qu'on descende dans l'arène,
au moment de la lutte électorale,
avec confiance, avec entrain et bonne
humeur, avec cette conviction surtout
qu'on a le bon côté, qu'on a la meilleure
part de soleil et d'ombre dans la bataille,
qu'on a déjà beaucoup fait, et que si l'on
veut donner un bon coup de collier,
comme il le faut, puisqu'il s'agit d'un
intérêt de premier ordre, vous pouvez très légitimement espérer de composer la majorité du Sénat. Oui, messieurs, on a peut-être trop dit, trop
répété, dans nos propres rangs, que ces
élections au Sénat étaient difficiles, péni-

bles, qu'elles seraient mauvaises ou tout au moins médiocres. Je dis, après y avoir regardé de très près, qu'elles seront bonnes, et quand je parle ainsi je sais parfaitement que je ne prononce pas un mot en l'air. Les élections seront bonnes, mais à une condition : Aide-toi, le suffrage universel t'aidera. (Salve d'applaudissements. — Cris de : Vive la République! Vive Gambetta!)

Après ce discours, qui a causé dans l'auditoire la plus vive impression, l'assemblée s'est séparée dans le plus grand ordre.

Paris.— Imp. F. DEBONS et Cⁱᵉ, 16, rue du Croissant.

www.ingramcontent.com/pod-product-compliance
Lightning Source LLC
Chambersburg PA
CBHW071318030726
47594CB00002B/460